L $\overset{3-}{m}$ 662

I0123049

GÉNÉALOGIE

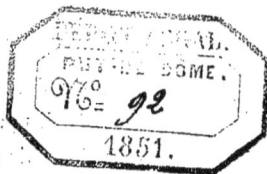
1851.

DE

LA FAMILLE DE MONTCLAR.

DE MONTCLAR ou MONTCLARD, seigneurs de Montclar, d'Anglars, de Chambres, de Montpentier, de Montbrun, de Longevergne, de Fournols et de la Tremolière,
élection de Mauriac.—Famille d'origine chevaleresque,
qui doit son nom à un ancien château fort, situé à peu de
distance à l'est du bourg d'Anglars, sur la crête de la côte
qui domine la vallée de Mars. Ce château, qui était le chef-
lieu d'une terre considérable, est mentionné comme forteresse dans plusieurs titres authentiques des 14e, 15e et
16e siècles. Il a été pris et détruit plusieurs fois pendant
les guerres contre les Anglais, ainsi qu'au temps des
guerres religieuses. La preuve de ces faits ressort d'actes
qui constatent qu'il fut reconstruit ou réparé en 1362, mis
sous la main du roi en 1370, reconstruit en 1467, et détruit de nouveau avant 1600, époque à laquelle l'emplace-
ment du fort était joui par divers particuliers, moyennant
rente et foi-hommage.

1851

Pour en revenir à la maison de Montclar, il en est peu d'aussi anciennes, d'aussi nobles et de mieux alliées. Elle a donné trois abbés de la Chaise-Dieu de 1227 à 1346; des prieurs de Sauxillanges, de la Voûte-Chillac, du Port-Dieu, de Villedieu et de Saint-Pourçain; un official de l'évêque de Clermont, au XIVe siècle; onze chanoines-comtes de Brioude de 1230 à 1550; trois abbesses de Brageac en 1280, 1313, 1360; des chevaliers de Malte; des commandants de places fortes et nombre d'officiers distingués (1).

La maison de Montclar est connue depuis Durand de Montclar, témoin dans une donation faite au monastère de Mauriac en 932, acte dont la copie est certifiée par dom Verdier-Latour, historiographe de la province d'Auvergne. Astorg de Montclar figura avec les sires de Claviers, de Salers, de Scorailles et de Miramont, lors des troubles occasionnés dans le pays par suite des divisions intestines du monastère de Mauriac, 1101 à 1112. De cet Astorg descendait, au cinquième degré, Bernard de Montclar, époux d'Aigline de Bort, vivant en 1260, père de deux fils nommés Rigaud et Morinot, qui tous deux firent branche.

---

(1) Nous mentionnerons ici, faute de pouvoir leur assigner avec exactitude un rang généalogique : Geraud de Montclar, abbé de la Chaise-Dieu de 1227 à 1243; Ebles de Montclar, revêtu de la même dignité en 1280; Etienne de Montclar, prieur de Saint-Beauzire en 1305; Rigaud de Montclar, abbé de la Chaise-Dieu de 1343 à 1346; et enfin trois abbesses de Brageac : Agnès, de 1269 à 1300; Béatri en 1313, et Macrade en 1360.

Rigaud de Montclar épousa Gaillarde de Chambres, qui lui apporta la terre de ce nom, située dans la commune du Vigean, vers la rivière d'Auze, pour laquelle il fit foi-hommage au doyen du monastère de Mauriac, le vendredi après l'octave de la Pentecôte 1270. Cette formalité fut renouvelée par Ebles de Montclar, le mardi avant la fête de la Magdeleine 1288, et par Aymar *alias* Aymeric de Montclar, le samedi après sainte Luce 1294. Le même Aymeric de Montclar, chevalier, reçut une reconnaissance féodale de divers tenanciers de la paroisse de Salins, le samedi après la fête de saint Pierre 1316.

Ebles de Montclar, damoiseau, reçut semblable reconnaissance de Pierre Bessis, de la même paroisse de Salins en 1311, et une autre de Pierre Malocre, prêtre de la paroisse d'Anglars, le lundi après la fête de saint Matthieu 1329.

Gaillarde de Montclar, fille de feu, *de bonne mémoire*, Ebles de Montclar, damoiseau, étant alors sous la tutelle de Guillaume de Chalus, damoiseau, seigneur de Tours et de Confolent, passa, avec Astorg de Montclar, coseigneur de Montclar et d'Anglars, au mois de septembre 1335, un compromis au sujet d'une contestation déjà ancienne existante entre lesdits Ebles et Astorg. Pour terminer cette contestation, les parties choisirent pour arbitres Ebles Comptour de Saignes et Rigaud de Montclar, prieur du Port-Dieu.

Gaillarde de Montclar fut mariée deux fois : 1º avec Aymar de Barmont, seigneur du lieu, dans la Marche limousine ; rendit hommage au monastère de Mauriac en

1345; 2° avec Guillaume de Noailles, seigneur de Noailles et de Noailhac, fils d'Hélie I et de Douce d'Astorg. Du second lit vint :

Hélie II, de Noailles, qui succéda à sa mère dans les seigneuries de Chambres et de Montclar ; mais il n'en fut tranquille possesseur qu'après avoir transigé avec Guillaume de Barmont, son frère utérin, et après avoir obtenu du roi Charles V la main-levée de la saisie qui avait été opérée sur les forteresses de Montclar et de Chambres, à l'instigation d'Albert et de Pierre de Montvert, ses ennemis personnels. La postérité d'Hélie de Noailles a possédé ces deux terres jusqu'à la révolution de 1789. C'est donc par erreur que M. Lainé a dit que la terre de Montclar avait été érigée en marquisat en faveur de la maison de Roquefeuil, qui ne l'a jamais possédée (1). (*Voyez* NOAILLES.)

MAURINOT DE MONTCLAR, fils puîné de Bernard et d'Aigline de Bort, fut la tige de la seconde branche. Il eut en partage une partie de la seigneurie de Montclar, et il épousa avant 1280 Antoinette de Saint-Maixent, d'une ancienne famille de la Marche, de laquelle il laissa quatre enfants qui suivent, savoir :

1° Pierre de Montclar qui continua la postérité;

2° Astorg de Montclar, moine à la Chaise-Dieu;

3° Etienne de Montclar, aussi moine à la Chaise-Dieu;

4° Pierre de Montclar, deuxième du nom, chanoine-comte de Brioude, en 1315.

(1) *Audigier.* — *Chabrol.* — *Le Père Anselme.* — *Archives.*

PIERRE DE MONTCLAR, fils aîné de Maurinot, coseigneur
de Montclar et d'Anglars (1), épousa en 1293, Almodie de
Valette, fille de Hugues de Valette, chevalier, seigneur
de la Clidelle, d'Augoules, de la Bardolie et de Soleilhadour, paroisse de Menet; fit une acquisition de biens et
rentes de la famille Darsac, le jeudi après la fête de sainte
Lucie 1294, et rendit hommage au monastère de Mauriac
le vendredi avant la purification 1295, à cause de cer-
taines rentes sises à Espinassoles. Il consentit une vente
à Rigaud de Sartiges, chevalier, en 1322, et une autre à
Astorg de Montclar en 1325. Les enfants furent :

(1) Outre les maisons de Montclar et de Noailles, qui en possé-
daient la partie principale, la vaste et riche paroisse d'Anglars
était divisée entre plusieurs seigneurs. — La maison de Bort y pos-
sédait, dès l'an 1392, Longuevergne, Balliergues, Pépany et une
partie du bourg d'Anglars. Sa succession, passée dans la maison
d'Anglars de Soubrevèze en 1500, retourna aux Montclar par
alliance de 1512. — La maison de Sartiges était possessionnée
féodalement à Montclar et à Berc, à Mainterolles, au Meynial et au
bourg d'Anglars, suivant actes de foi-hommage, reconnaissances,
ou transactions de 1263, 1322, 1305, 1433, 1439, 1440, 1457 et 1477.
Ces possessions échurent en dernier lieu aux familles de la Roche
et de Las Vaysses. Delphine de Las Vaysses, mère de Joslain ou
Josselain de Morlhon, habitant à Capdenac, en Rouergue, y avait
des droits en 1457. — La maison de Bosredon y eut aussi une part.
Noble Geraud dit Le Camus, seigneur de Bosredon et coseigneur de
Montclar, donna l'investiture à un particulier de Mainterolles en
1396. Antonie de Bosredon, veuve de Bernard Comptour de Giou, et
mère d'autre Bernard Comptour de Giou, coseigneur de Montclar,
tous mentionnés dans des actes de 1452, 1467, et 1478. — La maison
de Vigier de Prades y a possédé le fief de la Tremollière, de
1598 à 1640; à cette dernière époque, il entra par alliance dans la
branche cadette de la maison de Montclar.

1° Astorg de Montclar, qui forma le degré suivant ;

2° Nicolas de Montclar, seigneur d'Augoules , de la Bardolie et de Soleilhadour, qui fonda, dans l'église d'Anglars, une chapelle dédiée à la Sainte-Croix , autorisée par bulle de Clément VI, du 3 août 1344. Marié vers 1340 avec Dauphine de Griffer, héritière de Montpentier, de Croset et de Grèzes, de laquelle naquit Marie de Montclar, alliée en 1364 à Louis de Scorailles, seigneur de Scorailles et de Roussilhe, frère de Marguerite de Scorailles , épouse de Bernard de Montclar (1);

3° Rigaud de Montclar, abbé de la Chaise-Dieu et chanoine-comte de Brioude , 1342 à 1347 ;

4° Marguerite de Montclar, mariée à Pierre de Tinières.

ASTORG DE MONTCLAR, chevalier, paraît dans un grand nombre de titres passés dans l'intervalle de 1323 à 1360. Il fit un accord avec Guillaume de Chalus, tuteur de Gaillarde de Montclar, sa parente, au mois de septembre 1335; assista au mariage de Bernard , son fils, le 8 mai 1362, traita le 5 juillet de la même année avec Hélie de Noailles, au sujet de la garde et entretien de la forteresse

(1) D'autres généalogistes , notamment du Bouchet, ont donné pour époux à Marie de Montclar, Raymond de Scorailles ; mais des titres authentiques que nous avons sous les yeux, constatent que cette dame avait épousé Louis de Scorailles , frère dudit Raymond.

de Montclar, et fit un codicille en 1365. Il eut de dame
Sibylle, sa femme, que l'on croit de la maison de Noailles,
huit enfants :

1º Bernard de Montclar, qui continua la descendance;

2º Maurin de Montclar, prieur de la Voûte-
Chillac, de 1391 à 1428;

3º Nicolas de Montclar, chanoine de Clermont
et de Brioude, de 1350 à 1390;

4º Pierre de Montclar, prieur de Sauxillanges
avant 1390.

5º Bertrand de Montclar, successivement
prieur de Villedieu en 1376, de Magensac en
1386, official de l'évêque de Clermont en 1388,
et abbé de Saint-Pourçain en 1401;

6º Isabeau de Montclar, épouse d'Ebles de
Freluc en 1339, légataire de son père en 1365.

7º Sibylle de Montclar, mariée en 1351 à Ro-
bert d'Oradour;

8º Macrade de Montclar, abbesse de Brageac.

BERNARD DE MONTCLAR, fils aîné et héritier d'Astorg, co-
seigneur de Montclar et d'Anglars, épousa, le 8 mai 1362,
Marguerite de Scorailles, fille de Begon VI, coseigneur de
Scorailles et de Roussilhe et petite-fille de Raymond III de
Scorailles et de Marguerite de Grossaldet (1). Elle eut en

_____

(1) Ceci rectifie encore une erreur de Dubouchet, d'après lequel Marguerite de Grossaldet aurait été la femme de Begon V de
Scorailles et mère de Marguerite de Scorailles, femme de Bernard
de Montclar (*titres originaux*).

dot le château de Montbrun avec tous ses droits et dépendances, ainsi qu'il résulte du susdit contrat et d'une assi-
gnation de rentes consentie par le père de la mariée le 8
octobre 1369. Bernard de Montclar transigea, le lundi après
la Toussaint 1374, avec Marie de Montclar, fille de Nicolas
de Montclar, et veuve de Louis de Scorailles, laquelle lui
céda tous ses droits sur les lieux de Fonostre et Delbetz,
paroisses d'Ydes et de Champagnac, ainsi que sur ceux
de Bardolie, Augoules et Soleilhadour, paroisse de Menet, à condition que lui, Bernard, paierait la rente de
cent sols affectée à l'entretien des chapellenies, fondées
par Nicolas de Montclar, dans l'église d'Anglars. Bernard
de Montclar paraît encore dans divers actes jusques à
1391. A cette dernière époque, il était gouverneur et bailli
de la temporalité de l'évêque de Clermont, dans la haute
Auvergne, et Henri de la Tour, qui occupait alors le
siége épiscopal, lui donna procuration pour recevoir en
son nom les hommages et serments de ses feudataires.
Il transigea le 6 juillet de la même année avec les seigneurs de Scorailles, ses beaux-frères, au sujet des terres
de Grossaldet et de Montbrun; obtint de Chatard *alias*
Vital de Rochedagoux, bailli royal des montagnes, l'au-
torisation de faire placer des fourches patibulaires et
pilori dans ses justices, en 1396. Il laissa :

1° Guy de Montclar, dont l'article suivra ;

2° Astorg de Montclar, comte de Brioude de
1402 à 1422 ;

3° Sibylle de Montclar, mariée en 1395 à
Pierre d'Albayrac, ou d'Aubeyrac ;

4° Jeanne de Montclar , mariée en 1385 à Antoine de Veilhan, qui donna quittance en 1390.

Guy Ier DE MONTCLAR, coseigneur de Montclar, seigneur
de Montbrun et autres lieux, épousa, le jour de la décol-
lation de saint Jean-Baptiste 1391, Alix de Jaffinel , fille
de Jaubert de Jaffinel, seigneur de Peyrusse, près de la
ville d'Allanche (1), et d'Agnès de Léotoing-Charmensac,
pour la dot de laquelle il lui fut cédé diverses rentes et le
fief de Liouzargues. Guy de Montclar reçut, le 16 avril
1410, du comte de Boulogne et d'Auvergne, baron de la
Tour, une lettre dans laquelle il l'invitait à assembler la
noblesse de son voisinage et d'aller le joindre pour le
service du roi. Guy de Montclar testa en 1413, déclarant
vouloir être inhumé dans l'église d'Anglars, au tombeau
de ses pères , et désignant pour son héritier universel
Louis de Montclar, son fils aîné. Cet acte de dernière
volonté dut avoir pour cause une maladie grave , ou
bien un départ pour l'armée , car Guy de Montclar vécut
longtemps après. On a de lui plusieurs titres d'une
date postérieure , notamment deux traités avec les pa-
rents de sa femme, en 1425 et 1428 ; une commission de
capitaine de la ville de Besse pour le sire de la Tour, en
1434 ; une transaction avec Guillaume, Comptour de Saignes, seigneur de Cheyrouse, en 1435 ; une autre avec
Catherine de Sartiges, au sujet du fief de Garindie *alias de
Berc et aussi de Lavandès*, paroisse d'Anglars, le 22 août

(1) C'est à tort, ainsi qu'on le voit, qu'on a prétendu que cette
dame appartenait à la maison Perusse d'Escars.

1439, et il acquit de Louis de Scorailles, son parent, la seigneurie de Grossaldet en 1436. Il fut père de huit enfants, savoir :

1ᵉ Louis de Montclar, qui forma le degré suivant ;

2° Jaubert, *alias* Gilbert de Montclar, chanoine-comte de Brioude de 1399 à 1452 ;

3° Bertrand de Montclar, chanoine-comte de Brioude de 1422 à 1448 ;

4° Astorg de Montclar, chanoine-comte en 1422 ;

5° Jean de Montclar, admis au même chapitre en 1420 ;

6° Louise de Montclar, légataire de son père le 24 janvier 1413, mariée en 1415, à Antoine de Crozet, seigneur de Belestat, paroisse de Saint-Illide ;

7° Marguerite de Montclar, émancipée en 1412, était veuve de Gilbert de Soudeilhes et de Jean de Selve, lorsqu'elle épousa en troisièmes noces noble Béranger de Murat, seigneur de Rochemaure, en même temps que sa fille, Geneviève de Soudeilhes, était accordée à Jean de Murat, fils de Béranger. Ce double contrat est du 10 juillet 1425.

8° Jeanne de Montclar, que son père avait d'abord destinée à être religieuse, épousa en 1427, Guy *alias* Guinot de Murat, seigneur de Faverolles, parent des précédents.

Louis de Montclar, seigneur de Montbrun et de Grossaldet, coseigneur de Montclar et d'Anglars, institué héritier universel par son père en 1413, épousa, par contrat du 30 juin 1419, en présence de Marthe de Beaufort et du sire de la Tour, son fils, Constance de la Tour-d'Auvergne, fille de Bernard de la Tour et de Jeanne de Dourette, à laquelle il fut constitué en dot l'hôtel de Saint-Myon, avec tous les biens, cens et rentes provenant de ses père et mère, et situés dans les dépendances des châtellenies d'Artonne et de Vaux, en basse Auvergne, ainsi que des rentes dans les châtellenies de Montpensier, Saint-Agoulin, Payssac, Usson, Châteauneuf-du-Drac, la Tour, etc. Ces époux firent foi-hommage à Bertrand VI, sire de la Tour, étant au château de Claviers, en 1424. En l'année 1432, le roi Charles VII lui écrivit de Bourges de s'en venir avec les gens qu'il pourrait rassembler, afin de l'assister de sa personne et l'aider à repousser les Anglais entrés en grande force dans le pays du Maine. Louis de Montclar était veuf et tuteur de ses enfants en 1441, époque à laquelle il plaidait avec Guillaume de Dourette et ses fils, au sujet des droits héréditaires de feu Jeanne de Dourette, sa belle-mère. Il eut :

1º Maurinot de Monclar, coseigneur de Montbrun en 1450. Il dota la chapelle de Sainte-Croix dans l'église d'Anglars en 1455, et ne vivait plus en 1457. Ce fut de son temps que le capitaine Salazar, Espagnol de nation, aidé de Guinot du Bois, de Salers, pilla le château de

Montbrun et autres du voisinage, suivant transaction conclue avec ledit du Bois, en 1452;

2° Guillaume de Montclar, qui continua la postérité ;

3° Jeanne *alias* Suzanne de Montclar, mariée
en 1449, à Guy, seigneur de Montgenoux, damoiseau , de Montaigut-sur-Champeix.

GUILLAUME Ier DE MONTCLAR, seigneur de Montbrun, coseigneur de Montclar et d'Anglars, etc., etc., transigea
avec Jean de Noailles le 20 août 1465, et contribua avec
lui et Bernard Comptour de Giou, tous coseigneurs de
Montclar, aux frais de reconstruction de la grosse tour ou
forteresse de Montclar en 1467; rendit hommage à Gilbert
de Chabannes, Comtour de Saignes, le 14 juin 1470; fit
un accord avec les héritiers de Raymond de Freluc en
1471, et vivait encore en 1479. Il fut marié en 1447 avec
Luce ou Luques de Neuvéglise, fille de Pierre, seigneur
dudit lieu, et d'Isabeau d'Anteroche, de laquelle il
laissa :

GUILLAUME II DE MONTCLAR, seigneur de Montbrun,
coseigneur de Montclar et d'Anglars, lequel épousa, par
contrat du 13 août 1479, passé au château des Ternes, près
de Saint-Flour, noble Marie d'Espinchal, fille de Pierre,
seigneur d'Espinchal, des Ternes et de Tagenat, et de
dame Méraude de Hauteville. A ce contrat furent présents
la mère de la future, Antoine d'Espinchal, son frère, Jean,
seigneur de Fournols, et Jean Furet, écuyer, seigneur de
Laubinaux. Guillaume de Montclar paraît encore dans
des actes de 1487, 1488, 1490, et le 12 octobre 1493,

il assista à la nouvelle consécration de la chapelle de Saint-Nicolas, dans l'église d'Anglars qu'il avait fait restaurer. La cérémonie fut faite par Guillaume, évêque d'Anis (du Puy), coadjuteur de révérend père en Dieu Charles de Bourbon, évêque de Clermont; il rendit hommage à Jean de Chabannes, marquis de Curton, Comptour de Saignes, le 15 juillet 1503. Guillaume de Montclar et Marie d'Espinchal eurent pour enfants :

1º Guy *alias* Guinot de Montclar, dont l'article suivra ;

2º Antoine de Montclar, mort à l'armée d'Italie en 1507 ;

3º Louis de Montclar, mentionné dans le testament d'Antoine.

GUY *alias* GUINOT DE MONTCLAR, seigneur de Montbrun, coseigneur de Montclar et d'Anglars, fils aîné de Guillaume II, épousa, le 16 juin 1512, Jeanne d'Anglars, fille de Bertrand d'Anglars, coseigneur de Saint-Victour et d'Anglars, en Limousin, seigneur de Soubrevèze, en Auvergne, et de dame Luce ou Luques de Bort, dame de Longevergne. Chargé d'une mission en Savoie, par le roi François Ier, en 1536, il fit son testament avant son départ, et il était de retour avant 1547, époque à laquelle il fut informé contre lui et deux de ses fils, pour voies de fait exercées contre la personne du sieur Lizet, seigneur de Courdes. Ses enfants furent :

1º Jean de Montclar, premier du nom, qui forma le degré suivant;

2º Gilbert de Montclar, impliqué dans l'affaire

Lizet en 1547, fut successivement curé de Saint-
Bonnet et de Méallet, et aumônier de l'évêque
de Metz. Il vivait encore en 1609 ;

3° Jean de Montclar, reçu chevalier de l'ordre
de Malte en 1539 ;

4° Louis de Montclar, camérier du monastère
de Mauriac, résigna en 1555 ;

5° Rigaud de Montclar, camérier de Mauriac
après son frère ;

6° LÉONET de Montclar, tige des seigneurs de
Fournols et de la Tremolière ;

7° Genèvre de Montclar, mariée en octobre
1556 à François de la Roque-Massebeau ;

8° Anne de Montclar, alliée le 20 juin 1540
à Jean de Vaure, seigneur de Montmorand,
Saint-Eustache et Balladour ;

9° Luce de Montclar, épouse de Léonet de
Boucheron-d'Ambrugeac.

JEAN Iᵉʳ DE MONTCLAR, coseigneur de Montclar, seigneur
de Montbrun, servait en qualité d'archer de la compagnie
d'ordonnance du marquis de Chabannes-Curton en 1545,
époque à laquelle étant en quartier, lui et quelques-uns
de ses camarades eurent querelle avec des cavaliers de
la compagnie du sieur de Saint-Paul, à cause des loge-
ments militaires, si bien que l'on mit l'épée à la main
de part et d'autre ; il s'en suivit la mort de l'un des gens
de la compagnie de Saint-Paul, fait pour lequel les vain-
queurs obtinrent des lettres de grâce au mois de juillet
1549. Jean de Montclar épousa, le 23 février 1551, Anne

de Mauriac *alias* de Miremont, fille de Bernard de Mauriac, coseigneur de Miremont, et de Barbe de Fraicynet
ou Fraissinet. Il devint plus tard guidon dans la compagnie des gendarmes d'ordonnance commandée par le baron de Curton, suivant attestation de 1569. Anne de Mau-
riac-Miremont lui donna trois enfants :

  1° Guy *alias* Guinot de Montclar, qui continua
  la lignée;

  2° Pierre de Montclar, qui tua en duel François Lizet père, vers 1583, et qui mourut peu de
  temps après à l'armée de Flandres;

  3° Jeanne de Montclar, mariée en 1575 avec
  Arnaud de Turenne, seigneur de Durfort-Soursac.

Guy *alias* GUINOT DE MONTCLAR, deuxième du nom,
seigneur de Montbrun et de Longevergne, etc., etc., succéda à son père dans le grade de guidon de la compagnie
Curton; il se rendit coupable, avec Pierre, son frère, en
1579, de l'enlèvement de Charlotte de Scorailles, seconde
femme d'Arnaud de Turenne, seigneur de Durfort et de
Soursac. Ce n'était pas un rapt de séduction; l'honneur
de la dame n'eut pas à en souffrir, il y avait d'autres intérêts en jeu. Arnaud de Turenne avait épousé en premières noces, en 1575, Jeanne de Montclar, sœur des
ravisseurs, et celle-ci étant morte laissant une fille en
très-bas âge, les Montclar avaient vu, dans le second mariage de leur beau-frère un fait contraire aux intérêts de
leur jeune nièce, ce qui les avait indisposés et poussés à
commettre une action qui, au fond, n'était qu'une im-
prudente bravade de leur part. Ajoutons que cet événe-

ment eut lieu au temps des guerres religieuses, et que l'esprit de parti pouvait avoir contribué à envenimer la haine qui s'était déclarée entre les deux familles. Quoi qu'il en soit, les de Montclar frères furent poursuivis et durent se soumettre à payer une somme de 9,000 fr. à titre de dommages et intérêts.

Une autre querelle de famille, qui avait pour cause les honneurs de l'église de Méallet, existait depuis un siècle entre les Montclar-Montbrun et les Lizet de Courdes. Déjà François Lizet père avait péri dans un duel; François Lizet fils, devenu homme, voulut venger son père; il provoqua publiquement Guy de Montclar, sur la place de Méallet et jusque dans son château de Montbrun : ils se battirent, et François Lizet succomba. Transporté au château, il put faire acte de réconciliation avant de mourir, et Guy de Montclar obtint des lettres de grâce en août 1596. Au mois d'avril précédent, le roi Henri IV lui écrivait du camp devant Saint-Sévin, d'aller le joindre avec armes et équipage au siége de la Fère, pour donner bataille aux Espagnols. Cette lettre était accompagnée d'une missive dans le même sens, émanée de Charles de Valois, comte d'Auvergne. Le président de Vernyes cite Guy de Montclar comme l'un des meilleurs guerriers de la haute Auvergne. Il ne vivait plus en 1604. Il avait épousé, le 8 octobre 1586, Renée de Chalus, fille de Jean de Chalus, seigneur de Cordès et d'Orcival, et de Jeanne de Chabannes; il en eut :

1° Jean II, qui continua la descendance ;

2° François de Montclar, marié à Simone de

Lorme, fille de Jean de Lorme, troisième du
nom, seigneur de Pagnat, et d'Anne de la Sou-
chère, de laquelle naquirent trois filles, entre
autres Gilberte de Montclar, mariée le 22 août
1662 avec Jacques-Antoine de Montclar, son
cousin, seigneur de Fournols, de la Tremolière
et d'Anglars, dont il sera parlé plus loin ;

3º Claude de Montclar, mort jeune ;

4º Autre François, décédé sans alliance ;

5º Charlotte de Montclar, mariée à Antoine de
Mascon de Neuville, seigneur du Poirier, paroisse de Miremont ;

6º Renée de Montclar, religieuse.

7º N... de Montclar, mariée au seigneur de
Bort-de-Pierrefitte.

JEAN II DE MONTCLAR, seigneur de Montbrun, de Longevergne, coseigneur de Montclar, était sous la tutelle de
sa mère en 1604 et 1608. Il servit en premier lieu comme
cornette de la compagnie de chevau-légers du marquis
de Merville, suivant certificat du 20 février 1622 ; eut
commission du roi Louis XIII pour organiser une compagnie de cent hommes de pied au régiment de Polignac, le
12 août 1632 ; fit, en qualité de capitaine, plusieurs cam-
pagnes en Italie, et mourut à l'armée de Hollande avant
1660. Il fut marié le 5 septembre 1615 avec demoiselle
Marguerite de Saint-Martial, fille de François de Saint-
Martial, baron de Drugeac, et de dame Louise de Polignac,
de laquelle vinrent sept enfants :

1º Gaspard de Montclar, qui suivra ;

2° Charles, capitaine au régiment d'Anjou, le
quel fit son testament à Pignerol (Piémont) en
1676;

3° Gilbert de Montclar, major au régiment
d'Anjou, lieutenant de roi dans la citadelle de
Strasbourg en 1682, puis gouverneur de celle
d'Arras ;

4° François de Montclar, religieux novice à
Limoges, où il testa en 1647 ;

5° Gilberte de Montclar, mariée en 1666, avec
Pierre de Murat-Rochemaure ;

6° et 7° Charlotte et Renée de Montclar, religieuses.

GASPARD DE MONTCLAR, seigneur de Montbrun, de Longevergne, Grossaldet, etc., etc. Il était capitaine au régiment de la reine avant 1652, époque à laquelle il fut
blessé de quatre coups de feu dans une rébellion qui eut
lieu à Anglars. Il épousa, le 16 septembre 1657, Juliette
de Fontanges, fille de Charles Fontanges, baron de Mau-
mont en Limousin, et d'Hélène de Mirambel de Navailles.
Il ne vivait plus en 1666, que sa veuve fut maintenue
dans sa noblesse avec les enfants qui suivent :

1° Hercule de Montclar, baron de Montbrun,
mort sans postérité ;

2° Jean-Charles de Montclar, seigneur de Longevergne, et ensuite de Montbrun après son
irère ;

3° Gilbert de Montclar, mort jeune ;

4° Louise de Montclar, que l'on croit avoir été mariée à François Deslax, en Quercy ;

5° Marie-Bonaventure de Montclar, épouse de Joseph de la Font, comte de Saint-Projet en Quercy, fils de Fabien de la Font, comte de Saint-Projet, et de Françoise de Rillac.

JEAN-CHARLES DE MONTCLAR, baron de Montbrun et de Longevergne, fit foi-hommage au roi en 1684, et il épousa, le 20 août 1694, Magdeleine de Chapt-Rastignac, fille de François, marquis de Rastignac, et de Gabrielle de Clermont-Verteilhac. Il ne vivait plus en 1696, ayant laissé sa veuve enceinte, et celle-ci, après avoir donné le jour à une fille ci-après nommée, convola en secondes noces, le 17 février 1700, avec Antoine de la Grange-Gourdon, marquis de la Vercantière. La fille du premier lit fut :

> Marie-Françoise de Montclar, dame de Montbrun et de Longevergne, mariée à l'âge de 15 ans, le 22 mai 1711, avec Louis de Grenier, marquis de Pleaux, duquel elle était veuve sans enfants au mois de novembre 1756, qu'elle fit donation de tous ses biens à Jean-Dominique de Montclar, son parent, seigneur de Fournols, d'Anglars et de la Trémolière.

TROISIÈME ET DERNIÈRE BRANCHE.

SEIGNEURS DE FOURNOLS, DE LA RIBE, DE LA TRÉMOLIÈRE D'ANGLARS, PUIS BARONS DE MONTBRUN ET LONGEVERGNE. Cette branche a eu pour chef Léonet de Montclar, sixième fils de Guinot de Montclar, seigneur de Montbrun et de

Jeanne d'Anglars de Soubrevèse. Il fut capitaine des châteaux de Claviers et de Longevergne, contre les entreprises de ceux de la religion réformée, de 1568 à 1576, et ne vivait plus le 5 mars 1577. Il avait épousé en 1570 Catherine du Fayet de la Borie, fille de feu Jean du Fayet de la Borie-Saint-Vincent et de Susanne de Chalus. Il en eut, entre autres enfants :

PÈTRE-JEAN DE MONTCLAR, coseigneur de Fournols et de Nouts, lequel fut mis, avec ses frères et sœurs, sous la tutelle de leur mère le 5 mars 1577. Il fut marié en 1595, avec Marguerite de Chancel, fille de Jacques, seigneur de Comolet et capitaine-châtelain de Riom-ès-Montagnes. Il fit foi-hommage à Guy de Montclar-Montbrun, son cousin, en 1603; assista au conseil de famille tenu à Montbrun après la mort de ce même Guy, *alias* Guinot, en 1608, et fit son testament le 23 janvier 1630, laissant deux fils :

    1° Jean de Montclar, qui forma le degré suivant.

    2° Jean de Montclar, deuxième du nom, seigneur de la Ribe, d'abord lieutenant, puis capitaine au régiment de Dunières (d'Espinchal). Il servait en Italie en 1638, et il épousa le 13 octobre 1640, Magdeleine du Bousquet, de laquelle naquit une fille, Renée de Montclar, dame de la Ribe, qui épousa, le 13 juillet 1683, Charles de Sartiges, seigneur de Lavandès, déjà veuf de Marie-Françoise de la Croix de Castries-d'Anglars.

JEAN DE MONTCLAR, premier du nom, capitaine au régiment de Dunières, servait en Italie en 1638. Il épousa, le 24 septembre 1640, Catherine de Vigier de Prades, fille de Jacques-Antoine de Vigier, seigneur de Prades, du Verdier, de Conrots, coseigneur de Saint-Christophe et de la Trémolière-d'Anglars. Lui et son frère furent maintenus dans leur noblesse en 1666. Il fut père du suivant :

JACQUES-ANTOINE DE MONTCLAR, premier du nom, seigneur de Fournols, de Nouts et de la Trémolière, lequel s'allia, le 20 août 1662, avec Gilberte de Montclar, sa parente, fille de François de Montclar, puîné de Montbrun et de dame Simone de Lorme. Ces époux laissèrent :

LOUIS DE MONTCLAR, seigneur de Fournols et de la Trémolière-d'Anglars, marié en premières noces le 16 octobre 1690, avec Marie-Louise Lescurier, fille de Louis-François Lescurier et de Marguerite de Valens; et en deuxièmes noces, en 1710, avec demoiselle Claude de Douhet de Romananges, fille de feu Jacques et de Jacqueline de la Majorie-Soursac. Du premier lit était né ;

JACQUES-ANTOINE DE MONTCLAR, deuxième du nom, seigneur de la Trémolière, d'Anglars et autres lieux, marié, par contrat du 7 mai 1719, avec Marie-Anne de Mathieu, fille de Jean-Rigaud de Mathieu, conseiller du roi, et son lieutenant-général civil et criminel au bailliage royal de Salers, et de dame Marguerite du Bois. De cette union naquirent :

1° Jean-Dominique de Montclar, dont l'article suivra;

2° Marie de Montclar, mariée le 26 janvier

1745 avec Jean-Baptiste de Sartiges de la Prade ;

3° N.... de Montclar, épouse de M. de Ribier de Jalleyrac.

JEAN DOMINIQUE DE MONTCLAR, capitaine de cavalerie au régiment de Noailles en 1748, épousa par contrat expédié le 2 novembre 1756, Marie-Claire du Fayet de la Tour la Vaissière, fille de Jean-Baptiste du Fayet de la Tour la Vaissière, seigneur de Fressanges, de Saigne-Monteil et autres lieux, l'un des deux cents chevau-légers de la garde du roi, et de dame Marie-Françoise de Framery. A ce contrat, passé au château du Bois-de-Cros, près de Clermont, intervint dame Marie-Françoise de Montclar, sa parente, veuve de Louis de Grenier, marquis de Pleaux, laquelle fit donation au futur de ses terres de Montbrun, Longevergne, Montclar et Anglars, et autres beaux domaines à elle appartenant comme seule héritière de sa branche. De ce mariage issurent :

1° Jean-Baptiste-Claire de Montclar, baron de Montbrun, qui suit ;

2° N.... de Montclar, ecclésiastique ;

3° N... de Montclar, épouse de M. Louis-Alexis Planchard de Cussac, mort sous-préfet de l'arrondissement de Mauriac, en 1823.

JEAN-BAPTISTE-CLAIRE DE MONTCLAR, baron de Montbrun, seigneur de Longevergne et de la Trémolière, coseigneur de Montclar et d'Anglars, fut admis aux pages en 1772, servit ensuite dans la maison du roi ; fit la campagne des princes en 1792, et rentra bientôt après dans ses foyers. Louis XVIII lui accorda la croix de Saint-

Louis en 1814. M. de Montclar épousa, pendant la révolution, Catherine Soubrier, de laquelle il a eu deux enfants, savoir :

1° Louis-Henri de Montclar, marié le 12 octobre 1814 avec Gabrielle-Victoire Mirande, dé-
cédée le 8 septembre 1818, mère de trois filles
aujourd'hui établies comme suit ; Euphémie de
Montclar, épouse de M. Dolivier; Claire de
Montclar, épouse de M. Chabrat; Emilie de
Montclar, épouse de M. Mathieu, tous trois
avoués près le tribunal de première instance de
Mauriac.

Ces trois dames sont les derniers rejetons
d'une famille jadis illustre et naguère encore
très-opulente, mais que de fâcheuses et regret-
tables discussions d'intérêt ont fait rapidement
déchoir (1).

2° Emilie de Montclar, sœur de Louis-Henri, a
épousé M. Aigueperse, attaché à l'administra-
tion des ponts et chaussées.

ARMOIRIES. — D'azur, au chef d'or (2).

(1) Il a existé d'autres familles du nom de Montclar, en Langue-
doc et en Dauphiné.
Ce nom se rencontre aussi en Bourbonnais : Jean de Montclar,
damoiseau, et Henri de Montclar, écuyer, étaient possessionnés
dans la mouvance de Billy en 1347 et 1506. (*Noms féodaux.* p. 666.)
(2) *Inventaire de de Montclar.— Audigier. — Le père Anselme.
— Gallia christiana. — Mercure galant* de 1682, p. 46 à 51 —
Chabrol, etc., etc.

Clermont-Ferr, impr. de Perol

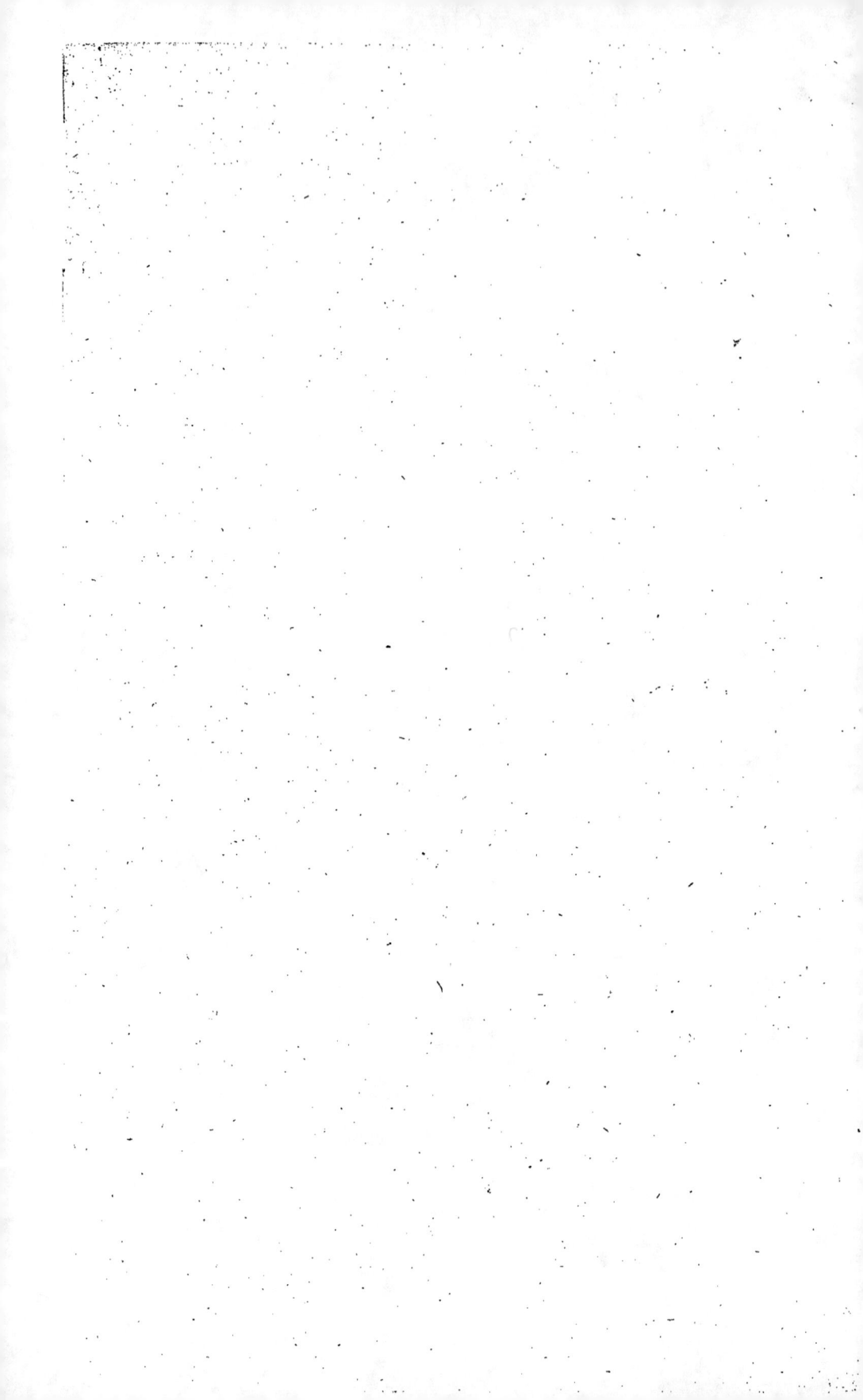

www.ingramcontent.com/pod-product-compliance
Lightning Source LLC
Chambersburg PA
CBHW070747280326
41934CB00011B/2834

* 9 7 8 2 0 1 2 9 4 7 5 0 4 *